Among t

Among the Ruins / Entre las ruinas
FIRST EDITION 2018

© George Franklin

TRADUCCIÓN: Ximena Gómez
COVER PICTURE/FOTOGRAFÍA DE PORTADA:
My kitchen door by Cheryl Ferrazza

© PUBLISHED BY katakana editores 2018

EDITOR: Omar Villasana
DESIGN: Elisa Orozco
PHOTOGRAPHS: Cheryl Ferrazza

ISBN: 978-1-7321144-4-9

katakana editores corp.
Weston FL, 33331
✉ katakanaeditores@gmail.com

George Franklin

TRADUCCIÓN: Ximena Gómez

the Ruins

Among

las ruinas

Entre

poetry crossover

katakana
editores

Table of Contents

Contenido

Forward

I always say that an editor is a very fortunate reader, one who has the joy of encountering material unknown to many but worthy to be brought to a larger audience through the publication of a book.

It is by the same token that I am very happy to share Among the Ruins/Entre las ruinas, George Franklin's first collection of poetry and Katakana Editores' first volume of its bilingual series, Poetry Crossover.

My good friend the Cuban poet Ernesto Olivera Castro has told me that books of poetry should not have a forward, prologue or introduction. I understand his argument. After all, poetry should speak to each one of us intimately, without intermediaries. George Franklin's poems are no exception. They come from a deep understanding of human condition and beauty. Just like Tolstoi 's short story where Jesus finds that even a dead dog can have teeth as white as pearls, George enlightens us with images of crows, moles, flies or spiders. There is also a soothing element in his writing, even in moments of despair, that bind an ancient Chinese poet to a woman whose child cannot accept the terrible effects of old age.

Among the Ruins/Entre las ruinas depicts a world that sometimes seems on the verge of collapse, but that redeems itself under the readers' eyes, when we allow poetry to speak for itself. 丏

Omar Villasana Cardoza

Presentación

Siempre insistiré que el editor no es más que un lector afortunado, es aquel que tiene la dicha de encontrar material desconocido para muchos pero muy valioso y que debe ser amplificado a través de la publicación de un libro.

Es de esta manera que me siento feliz de poder compartir *Among the Ruins/Entre las Ruinas*, el primer poemario de George Franklin y el primer volumen de la colección bilingüe poetry crossover de katakana editores.

Mi buen amigo el poeta cubano Ernesto Olivera Castro me ha dicho que los poemarios no deben de tener presentación, prólogo o introducción. Entiendo su punto de vista, después de todo la poesía debe de hablarnos íntimamente a cada uno de nosotros sin la necesidad de intermediarios. Los poemas de George Franklin, no son la excepción, provienen de un profundo conocimiento de la naturaleza humana y la belleza. Tal como los relatos de Tolstoi cuando Jesús es capaz de encontrar en un perro muerto dientes tan blancos como las perlas, George nos ilumina con imágenes de cuervos, topos, moscas o arañas. También existe un elemento reconfortante en su escritura, aún en momentos desesperanzadores capaces de unir a un antiguo poeta chino con una mujer cuyo hijo no puede aceptar los efectos de la vejez.

Among the Ruins/Entre las ruinas, nos muestra un mundo que por momentos parece encontrarse al borde del colapso pero que se redime bajo los ojos del lector cuando permitimos que la poesía hable por si misma. 田

Omar Villasana Cardoza

For Ximena:

Your translations have made a place for us to live in these poems. Each one is a room where we have sat around the dining room table and talked away an afternoon, where we have cooked dinner and opened a bottle of wine, where we have gone to bed and made love and awakened the next morning amazed that all this is real.

Thank you, mi amor, for so much!

Para Ximena:

Tus traducciones han creado un hogar donde juntos habitamos en estos poemas. Cada uno de ellos es una recámara donde podemos sentarnos ante la mesa del comedor y hablar toda la tarde, donde hemos preparado la cena y abierto una botella de vino, donde nos hemos ido a la cama y hecho el amor y despertado la mañana siguiente sorprendidos de que todo sea real.

¡Gracias, mi amor, por tanto!

Aerojet Dade Rocket Facility - Everglades Series. Miami, FL by Cheryl Ferrazza

Su Tung-Po

The smell of incense in the hazy
Hours before dawn, the slow gears of
The water clock turning, and a bell
Calling the silk-robed officials to
Audience—you haven't eaten since
The day before, shifting on the hard
Lacquered bench, uncomfortable but
Knowing better than to show it. Your
Poems will be evidence against
You. A *friend* will claim you criticized
The emperor and eloquently
Interpret your work, the words streaming
From his lips, a swarm of termites. The
Censors from Crow Terrace will get what
They want. You'll be exiled to Hangzhou,
A governor without salary. 昴

Su Tung-Po

El olor a incienso a la hora de la bruma
Antes del amanecer, el engranaje lento
Del reloj de agua que gira, y la campana
Que llama a audiencia a los funcionarios
Vestidos de seda –no has comido desde
El día anterior, incómodo dabas vueltas
En el duro banco lacado, pero habías
Aprendido a no mostrarlo. Tus poemas
Serán pruebas en tu contra. "Un amigo"
Dirá que has criticado al emperador
Y elocuentemente interpretará tu trabajo.
Como enjambre de termitas las palabras
Brotarán de sus labios. Los censores
De la Terraza del Cuervo obtendrán
Lo que querían. Tú serás desterrado
A Hangzhou, como gobernador sin salario. 冊

Aerojet Dade Rocket Facility - Everglades Series. Miami, FL by Cheryl Ferrazza

Oranges

When I was a boy

I'd eat the white pith of the orange,

Separating it with my teeth

From the skin—

Is this what we do to each other? 🜨

Naranjas

Cuando era niño
Me comía lo blanco de la naranja,
Separándolo con los dientes
De la cáscara.
¿Es eso lo que nos hacemos
El uno al otro? 🎞

To the Crow, Cawing is Beautiful

To the crow, cawing is beautiful.
Let other birds whistle, chirp, and coo.
Crows speak the language of street vendors,
Tax collectors, factory foremen,
Signs that say, "No Trespassing," nurses
Telling you to clear the room. Black wings
Abruptly shadowing the sidewalk,
They come to rest on street lamps, call out
Grim shouts of love and panic, warnings
To small-feathered warblers, sweet singers,
And sparrows to keep their distance. They
Know better than to trust anything
They cannot crush in their beaks and eat. 🐦

Para el cuervo es maravilloso graznar

Para el cuervo es maravilloso graznar.
Deja a otras aves silbar, gorjear,
Arrullar. Los cuervos hablan el lenguaje
De vendedores ambulantes, recaudadores
De impuestos, capataces de fábrica,
De letreros que dicen "Prohibido el paso"
De enfermeras que piden salir del cuarto.
Alas negras que de pronto oscurecen la acera,
Vienen a descansar en las farolas, chillan
Gritos macabros de amor y pánico,
Advertencias a las currucas de plumas
Pequeñas, a los dulces cantores y
Gorriones de guardar las distancias.
Saben recelar de todo lo que no puedan
Triturar con el pico y comer. 囲

Geese

Two geese were on the roof this morning,
Making a racket, as though they'd lost
Something important, and it would come
Back with enough shouts and wing flapping,
Or maybe they were just lost themselves.
Today's the beginning of April.
All around us, the blue sky holds its
Breath, and scraps of vapor patiently
Drift across the peninsula from
The Gulf to Madrid, Paris, Stockholm.
I didn't think of it earlier,
But the geese talk this morning could have
Been aimed at me. "You there, old human
In the t-shirt and jeans, can't you feel
Wind shifting in your nostrils, feathers
Growing on your chest? Aren't you hungry
For corn and wheat already sprouting
In the plowed fields? Don't you want to see
New cities?" I heard the geese calling,
But I ignored them. I heard the geese,
But before I could answer, they left.

22

Gansos

Dos gansos estaban en el tejado
Esta mañana, haciendo alboroto,
Como si hubieran perdido algo importante,
Y con gran griterío y aleteo
Pudieran recuperarlo, o tal vez
Se perdieron ellos mismos. Hoy
Es el comienzo de abril. El cielo azul
Alrededor nuestro, contiene el aliento,
Y residuos de vapor pacientemente
Flotan a lo largo de la península,
Desde el golfo a Madrid, a París
A Estocolmo. No pensé en eso antes,
Pero el parloteo de los gansos
Por la mañana pudo ser para mí.
-Oye tú, ser humano viejo de jeans
Y camiseta, ¿Puedes sentir el cambio
De dirección del viento en las fosas
De tu nariz, las plumas que te crecen
En el pecho? ¿No quieres trigo y maíz
Que ya germina en los campos arados?
¿No quieres ver nuevas ciudades?
Oí el llamado de los gansos
Pero no le hice caso. Escuché
A los gansos, pero antes de que pudiera
Contestar ellos se fueron. ▨

The Mole

Through oaks, morning shadows, speckled light.
On the golf course next door, lawnmowers
Swoop and retreat like low-flying planes—
A pilot-view: brown rooftops mottled
Green, the neighbor's dog a moving dot.
Black pavement winds a long curve around
Apartment buildings, the white lines of
A parking lot. Blake understood what
The eagle misses the mole perceives.
And me? My glasses are smeared and damp. 🖋

El topo

A través de robles, sombras de la mañana, puntos de luz
En la campo vecino de golf, cortadoras de césped
Arremeten y se retiran como aviones que vuelan bajo.
La vista de un piloto: tejados pardos moteados
De verde, el perro de un vecino: un punto en movimiento.
El pavimento negro serpentea en una curva larga
Alrededor de edificios de apartamentos y de las líneas
    blancas
De un estacionamiento. Blake lo entendía:
Lo que el águila no ve lo percibe el topo.
¿Y yo? Mis anteojos están embadurnados y húmedos. 卐

25

The Fly

For Ximena Gomez

The fly on the rim of the glass
Cannot free himself, dried liquor
Stuck to his legs and wings,
The smell of anise smothering
His senses. Too heavy to fly,
He moves like a drunkard, trying
To walk on the edge between
The abyss on one side, and on the other.
(As Szymborska would say, surrounded.)
I watch him struggle for a while
And think of playing God with the tip
Of a pencil. I decide not to, but not
Playing God is the same as playing.
All the fly knows is the clear ridge,
A trap transparent in all respects,
Alcohol and licorice clotting his
Straw-like tongue, his feet—a sweet,
Burning clarity that offers no
Escape except to fall.

26

La mosca

A Ximena Gómez

La mosca en el borde de la copa
No se puede zafar, licor seco
Se ha pegado a sus patas y alas.
El olor a anís sofoca sus sentidos.
Demasiado pesada para volar,
Se mueve como un borracho
Tratando de caminar por el borde
Entre abismos de lados opuestos,
Como lo diría Szymborska, cercada.
La miro luchar por un rato
Y pienso en jugar a ser Dios
Con la punta de un lápiz.
Yo decido no hacerlo, pero jugar
O no jugar a ser dios es lo mismo.
Todo lo que la mosca conoce
Es el claro arrecife, una trampa
En todos los sentidos transparente,
El alcohol y el regaliz que envuelven
Su lengua en forma de pitillo,
Sus patas, una claridad ardiente y
Dulce de la que no hay escapatoria,
Excepto caer.

Aerojet Dade Rocket Facility - Everglades Series. Miami, FL by Cheryl Ferrazza

Spider Fights

In the work camps up north, they have spider fights.
My students told me this last week, how
The prisoners catch spiders, keeping them in
Glass jars, feeding them insects and moths
Until the day when two spiders will each
Try to chew off the other's head, while
The prisoners place bets and watch.
It reminded me at first of Count Ugolino in
Dante, gnawing at the back of his enemy
Ruggieri's skull—hunger, like
Anger, never satisfied. That's what it means
To be in hell, I thought. But, I wasn't entirely right.
I also thought about Tertullian and how he described
That one of the joys of heaven would be to look down
On the suffering of the damned. My students
Had gathered in circles by their bunks in the North
Florida summer, a climate close enough to hell,
And stared down on two small spiders tearing
At each other's flesh. For a few minutes,
They were in heaven. 历

Lucha de arañas

En los campos de trabajo del norte, hay luchas entre arañas
Me lo dijeron mis estudiantes la semana pasada
Como los presos cazan arañas, las almacenan
En botellas de vidrio, las ceban con polillas e insectos
Hasta el día en que cada una de ellas trata
De arrancar a mordiscos la cabeza de la otra
Mientras los prisioneros hacen apuestas y miran.
Esto me recordó de inmediato al Conde Ugolino
En Dante, que roía la espalda del esqueleto
De su enemigo Ruggieri, el hambre, como la ira,
Jamás se satisfacían. Eso es estar en el infierno
Pensé, pero no estaba totalmente en lo cierto
También pensé en Tertuliano, en la manera en que describió
Uno de los placeres en el cielo, que sería mirar hacia abajo
El sufrimiento de los condenados. Mis estudiantes
Se han reunido en círculos junto a sus literas, en el verano
Del norte de la Florida, un clima bastante similar al infierno
Y miran hacia abajo, dos arañitas que se desgarran
La carne entre sí. Durante unos minutos
Estaban en el cielo. 力

North Side

In Chicago, in the year's first snow
The tracks of a rabbit run across
The sidewalk. Automobile exhaust
Hangs in the air like a bridal veil
On a consignment shop mannequin.
White mist embraces the tenements,
The grime-darkened brick of factories,
The fogged, lit windows of restaurants—
The wind is just the air shivering.
Later, by January, most of
The rabbits will have frozen to death,
Their rigid brown corpses discarded
By the curbs and alleys, garage doors,
And brittle hedges. In the dim spring,
The survivors, coats molting thin, will
Furiously mate by the same curbs
And alleys, beneath the same hedges,
Driven by their own fragility.
After the snow has melted part way
And frozen again, I watch as one
Leaps down a path by a chain-link fence,
Ears alert, claws scratching at the ice.

El norte de la ciudad

En Chicago, en la primera nevada del año,
Las huellas de los conejos recorren
Las aceras. Los gases de los automóviles
Flotan en el aire, como el velo de una novia
En un maniquí de almacén de segunda mano.
La niebla blanca envuelve los edificios
De apartamentos, el ladrillo oscurecido y siniestro
De las fábricas, las ventanas empañadas
Y encendidas de los restaurantes.
El viento es solo aire que tirita.
Pronto, en enero, la mayoría de los conejos
Habrán muerto congelados, sus cuerpos pardos,
Rígidos, desechados cerca de las cunetas,
De los callejones, las puertas de garajes
Y de los setos quebradizos. En la primavera sombría,
Los sobrevivientes, con el pelaje escaso por la muda,
Se aparearán con furia cerca de las mismas cunetas
Y callejones, debajo de los mismos setos,
Impulsados por su propia fragilidad.
Después de que la nieve se ha derretido en parte
Y se ha congelado otra vez, miro a uno saltar
Por un sendero, a lo largo de una cerca de alambre,
Sus orejas alertas, sus uñas arañan el hielo. 田

Abandoned house across from Jimmy Ryce memorial
Redlands Series. Miami, FL by Cheryl Ferrazza

On a Cold Day

The snow carries the chill of Novocain, the dentist's
Latex fingers that taste of nothing. What
Is the circumference of your absence? I play Jerry Butler
And Otis Redding and sing along (badly)—because
No one can hear me anyway. The neighbors
Shovel their walk in time to the music—I'm sitting
With Otis on the dock of the bay, where it is not snowing.
His plane crashed in winter into Lake Monona, so now
He stares at the water and a shiver enters his voice as
I do the dishes, steam fogging my glasses. "Otis,
Jerry, what do I do? The woman I love"—I don't get
To finish the thought—the wind slaps snow
Against the pane. I settle for coffee and peanut butter
On day-old bread—they taste good together. Tree limbs
Twist to their own syncopation. I dance (also badly)
To Jerry singing "He Will Break Your Heart." Ice crystals
On the window sparkle like the sequins of strippers. 田

En un día frío

La nieve trae el frío de la novocaína, los dedos
De látex del dentista que no saben a nada. ¿Qué tan
Hondo es el cerco de tu ausencia? Pongo a Jerry Butler
Y a Otis Redding y con ellos canto, mal, porque
De todas formas nadie puede oírme. Los vecinos palean
La nieve de la acera al ritmo de la música. Estoy sentado
Con Otis en el muelle de la bahía, donde no está nevando.
Su avión se chocó en invierno contra el lago Monona,
Así que ahora él mira el agua y hay un escalofrío en su voz
Mientras yo lavo los platos, y el vapor empaña mis anteojos.
—¿Otis, Jerry, qué hago? La mujer que quiero... No alcanzo
A terminar la idea. El viento arroja nieve contra el cristal.
Me conformo con café y mantequilla de maní
Sobre pan de un día. Saben bien juntos. Tres ramas
Se tuercen llevando su propio ritmo sincopado. Bailo,
También mal, mientras Jerry canta: "He Will Break Your Heart".
Cristales de hielo brillan en la ventana como lentejuelas
De estriptista. 곱

Left of the Ninth Hole

The wind blows across the golf course in the dark.
No one is playing now. No carts edge their way
Around the green. Even the green is not green
Without sunlight. Beyond the fence, lost golf balls
Sink incrementally into the ground. With each rain,
They disappear a little more. The moon illumines
The sand trap's white mouth. They seem to be speaking
To each other in a private language. Something about
Philosophy and the difficulty of feeling at home.
To the left of the ninth hole, a parking lot divides
The universe into parallel lines and defined spaces.
Here and there, a lamp defines the spaces differently:
This one dark, that one light. From inside
A house, music is playing, and shadows move back
And forth across a curtained window. They could be
Dancing or even trying to avoid each other's touch,
Fighting or embracing. Then one shadow covers
Another, and the light of a television flickers
In muted colors. Outside, everything is watching them:
The golf course, the parking lot, the moon. 卐

A la izquierda del noveno hoyo

El viento sopla a través del campo de golf en sombras.
Nadie juega a esta hora. Ningún carro se abre paso
Por el campo, que ni siquiera es verde sin la luz del sol.
Más allá de la reja, bolas de golf extraviadas
Se hunden cada vez más en la tierra.
Con cada aguacero desaparecen un poco más.
La luna ilumina la boca blanca de la trampa de arena.
Parece que se hablaran entre ellas en un idioma íntimo.
Algo acerca de la filosofía y la dificultad de sentirse en casa.
A la izquierda del noveno hoyo, un estacionamiento
Divide el universo en líneas paralelas y delimita espacios.
Aquí y allá, una lámpara define los espacios de otra manera
Este oscuro, aquel claro. Desde dentro de una casa,
La música suena y las sombras se alejan
Y regresan a través de la cortina de una ventana.
Podrían estar danzando o tratando de evitar rozarse entre sí,
De luchar o abrazarse. Luego una sombra cubre a otra
Y la luz de un televisor oscila en colores apagados.
Afuera, todas las cosas los miran:
El campo de golf, el estacionamiento, la luna. 囲

Morning in Portland

Orange peels on the plate, broken curls
Of skin, scent of trees from Morocco,
Spain, or somewhere else, somewhere other
Than here on this smoke-gray morning in
Maine. The sounds of tires on pavement, of
Exhaust pipes sputtering downhill—why
This fear of expectations? Isn't
The scattered loveliness of this life
Enough for you? Yesterday, you felt
Old, your children accelerating
Into jobs and children of their own.
You sat in a park beneath trees you
Didn't recognize, staring at dogs
And middle-aged men napping in the
Afternoon sunlight, and considered
How innocent we are, how much the
World ignores us, how winter doesn't
Need permission to fade into spring,
How these 19th century brick buildings
Outlasted the people who built them.
Today, you'll sit uncomfortably
In a plane and doze until you're back
In Florida, where the seasons aren't
As obvious when they change, where you'll
Hold a woman to your chest and try
As hard as you can to make time stop.
Outside in Portland, it starts to rain. 🏛

40

Mañana en Portland

Cáscara de naranja en el plato, crespos rotos
De corteza, esencia de árboles de Marruecos,
España u otro lugar, cualquier otro,
En vez de este en esta mañana gris-humo
En Maine. Los sonidos de la llantas en el pavimento,
De los tubos de escape que escupen cuesta abajo.
¿Por qué este miedo de las expectativas?
¿No es acaso el encanto diseminado en la vida
Suficiente para ti? Ayer te sentiste viejo,
Tus hijos, avanzan en la vida: trabajo,
Hijos propios. Te sentaste en el parque, debajo
De árboles que no reconocías, mirabas a los perros,
A hombres maduros que dormían
Bajo el sol de la tarde y pensabas cuán inocentes somos,
Cuánto nos desoye el mundo, cómo el invierno
No necesita permiso para desvanecerse
Y convertirse en primavera,
Cómo estos edificios de ladrillo del siglo diecinueve
Sobrevivían a los hombres que los construyeron.
Hoy te sentarás incómodo en un avión
Y cabecearás hasta estar otra vez en La Florida,
Donde el cambio de estaciones no es tan claro,
Donde estrecharás a una mujer contra el pecho
E intentarás en lo posible detener el tiempo.
Afuera en Portland, empieza a llover. 🎴

41

Rain

Rain on the roof doesn't let up, the noise
Not romantic or soothing. It's the sound
Of anxious nerves sending messages, neurons
Leaping synapses, Morse code of migraines.
We spoke on the phone a short time ago.
You were worried, your work, family. I
Wasn't much different. After a while, the
Conversation drifted to poetry, the way it
Always does with us: Li Qingzhao, Yosano
Akiko, Landor's poem to his son, Carlino.
After a while, we both felt better, even though
The day hadn't gone as planned, the poems we'd
Hoped for hadn't arrived, and the time wasted
Would not return. For all that, we felt better.
I wish you were here now to lie down next to me,
To curl together beneath the sheets, the soft blanket,
The roof pounded by rain. I'd like to smell
Your thick hair and feel your lips on my shoulder.
The thunder has moved farther away. The rain
Is slower now and falters. The poems we talked
About, full of desire, regret, smooth bodies, and
Hands suddenly old, poems carved out of jade

Lluvia

La lluvia sobre el techo no cesa, el ruido
No es romántico ni relajante. Es el sonido
De nervios ansiosos que envían mensajes,
Neuronas que saltan sinapsis, código
Morse de migrañas. Hace poco hablamos
Por teléfono. Estabas preocupada, el trabajo,
La familia. Mi humor no era muy diferente.
Después de un rato, nuestra conversación
Viró hacia la poesía, como siempre nos pasa:
Li Qingzhao, Yosano Akiko, el poema
De Landor a su hijo Carlino. Un poco después
Nos sentimos mejor, a pesar de que el día
No había transcurrido como lo planeamos,
Los poemas que esperábamos no aparecieron
Y el tiempo perdido no regresaría. A pesar de eso
Nos sentimos mejor. Quisiera que estuvieras
Aquí ahora, para recostarte junto a mí,
Para enrollarnos juntos debajo de las sábanas,
De la cobija suave, del techo martillado por la lluvia.
Me gustaría oler tu cabello denso y sentir
Tus labios en mi hombro. El trueno se ha
Alejado. La lluvia ahora es más lenta y vacila.
Los poemas de los que hablamos llenos de anhelo,
De pesar, de cuerpos tersos y manos súbitamente

43

And wanting—how strange that they comfort us.

Tomorrow, we'll probably worry about that as well,

But for now, we'll both fall asleep, you in your

Apartment, me here listening to the last drops

Splatter on the roof, smelling your hair fresh

From the shower. ⌗

Envejecidas, poemas cincelados con jade y deseo,

Cuán extraño es que nos alienten. Mañana

Probablemente nos inquietaremos por eso también.

Pero por ahora, ambos nos dormimos, tú

En tu apartamento, yo aquí, escuchando

Las últimas gotas que salpican el tejado,

Olfateando tu pelo limpio después de la ducha. 万

A Brief Episode
of Neurological Dysfunction

If I forget, the chill in my right leg
Is there to remind me, a whisper really,
Nothing that's shouted, no alarm ringing.
I sat in front of the keyboard and thought
I'd better go back to bed, my shirt sweaty.
That's how it feels, a big abstraction turning
To something you can touch, that touches you.
And I knew nothing. My lips got in the way
Of speaking. Outside, the sun dangled over
The garden. The bleeding-heart[1] vine was green,
Red, purple—orange papayas already
Overripe, black seeds spilling to the ground.
The blanket covered me. I fell asleep. 🏮

---

1 The plant referenced here is *Clerodendrum thomsoniae 'Delectum,'* which is most often called "bleeding heart vine" in English and called several names in Spanish, among them "*corazón sangrante.*"

Un breve episodio
de alteración neurológica

Si lo olvido, el escalofrío en mi pierna derecha
Está ahí para recordármelo, es solo un murmullo,
Nada como un grito, ni sonido de alarma.
Me senté frente al teclado y pensé mejor
Volver a la cama, mi camiseta estaba sudada.
Así es como se siente: una gran abstracción
Que se convierte en algo que puedes tocar,
En algo que te toca. No tenía conciencia
De nada. Los labios me impedían hablar.
Afuera el sol colgaba sobre el jardín,
El corazón sangrante[1] era verde, rojo, violeta,
Las papayas rojizas, demasiado maduras ya,
Las semillas negras estaban regadas en la tierra.
La cobija me cubría. Me dormí. 卐

---

1 La planta a la que aquí se hace referencia es *Clerodendrum thomsoniae*
'Delectum, que la mayoría de las veces se llama en inglés "bleeding heart
vine" y tiene varios nombres en español, entre ellos "corazón sangrante".

Hurricane Day

Bad weather makes us both lazy. I'm sitting
Here, looking at wind-blown rain slant through
The trees, the outer bands of a hurricane that,
If we're lucky, will pass us by. You've gone
Into the bedroom to nap after lunch. We cooked
Up food that could spoil if the power goes out,
Chicken legs with mustard and honey, asparagus,
And roast potatoes. I know, the potatoes wouldn't
Go bad, but still, they were delicious. Then, we
Sat over coffee and biscotti and listened to recordings
Of Bessie Smith singing "Backwater Blues" and
"Need a Little Sugar in My Bowl." Ninety years later,
Her voice still rough with passion. There is a word
You taught me in Spanish, "anhelo," longing.
Somehow, the vowels make it so much larger in
Your language, the way Bessie Smith longs for that
Home knocked down by flood waters or the grip
Of the man she desired. There's a leak in the roof.
Rain water drips slowly into a metal pan every
Time another band passes over. I go to the back
Door and smell the blanket of warm air swept
All the way from Africa. The wet wood of
The fence is dark and beautiful. 🀫

Día de huracán

El mal tiempo nos vuelve perezosos a ambos.
Sentado aquí miro la lluvia que el viento arrastra
A través de los árboles, las bandas externas del huracán,
Si tenemos suerte pasarán de largo. Te has ido al cuarto
A hacer una siesta después del almuerzo. Hemos
Preparado comida que puede dañarse si se va la luz.
Muslos de pollo con mostaza y miel, espárragos,
Y papas asadas. Sé que las papas no se dañarán,
Pero con todo son deliciosas. Luego nos sentamos
Con café y biscotti y escuchamos los discos
De Bessie Smith que canta: "Backwater Blues"
Y "Need a Little Sugar in My Bowl." Noventa años
Después, su voz aún suena ronca de pasión.
Hay una palabra que me enseñaste en español:
"Anhelo", añoranza. De algún modo las vocales
La hacen mucho más larga en tu idioma,
Como Bessie Smith añora aquella casa
Derribada por las aguas de la inundación,
O le apretón del hombre que desea. Hay
Una grieta en el techo. El agua de lluvia
Gotea lentamente en una vasija de metal,
Cada vez que otra banda pasa. Voy a la
Puerta de atrás y olfateo la manta de aire
Cálido que se arrastra por todo el trayecto
Desde África. La madera húmeda de la cerca
Es oscura y hermosa. ⌖

Baaank Teller, Arizona Series by Cheryl Ferrazza

Among the Ruins

It's after midnight. The parking lot
Of the shopping mall is empty

Except for the Salvation Army
Trailer and the occasional

Security guard making his rounds
In that small car with a yellow light.

If I walked over where the canal
Crosses under the road, there'd be black

And white ducks looking for scraps
Behind the movie theater. They keep

A careful eye on the cats who climb
Into the garbage bins, but the cats

Ignore them. In the daytime, the sky is
Just as large but without the stars and the

Quiet. The sky is just as large in the
Daytime. But you can't see it. 🈁

Entre las ruinas

Es más de media noche. El aparcamiento
Del centro comercial está vacío,

Con excepción del tráiler de Salvation Army
Y del guarda de seguridad,

Que ocasionalmente hace sus rondas
En aquel carrito de la luz amarilla.

Si camino hacia allá, donde el canal
Cruza, debajo de la carretera,

Habrá patos negros y blancos
Buscando sobras detrás del cine. Vigilan

Atentamente a los gatos que se trepan
Por los tarros de basura, pero los gatos

No les hacen caso. Durante el día el cielo
Es tan espacioso, pero sin las estrellas

Y sin la quietud. El cielo es tan espacioso
Durante el día. Pero no lo puedes ver. 🔏

Body-Snatchers

I flew down from Boston to bring my father
Home from the hospital. He was dying. Hospice
Was giving him morphine. Still, he had moments of
Lucidity. He told me cancer was a terrible thing.
He said he'd never done anything to deserve it. He'd
Taken care of himself. I don't think he realized how
Close to death he was. He asked me how long I was
Staying, and he looked surprised when I told him
I'd stay as long as necessary. Maybe he understood
Then. I don't know. Hospice gave him more
Morphine, and that night, the nurse woke me
Around 1 or 1:30. She said it was close, so
I went into his room—it had been my room once—
And stood by the bed. His chest rattled when
He breathed. He was going into arrest. After
A while, the nurse closed his eyes. I stayed there,
But there wasn't anything for me to do. Death
Had turned out to be much simpler than I thought.
The light was on, then it wasn't. There was a story
My father used to tell about how, when his father died,
He and my uncle Howard had to sit alone with the body
All night to protect it from body-snatchers, men

Ladrones de cuerpos

Volé de Boston para traer a mi padre del hospital
A casa. Estaba muriendo. El servicio domiciliario
Le estaba dando morfina. Aún así tenía momentos
De lucidez. Me dijo que el cáncer era algo terrible,
Que no había hecho nada para merecerlo.
Había cuidado de sí mismo. No creo que supiera
Cuan cerca estaba de la muerte. Me preguntó
Cuánto iba a quedarme y me miró sorprendido
Cuando le dije que lo que fuera necesario. Tal vez
Lo entendió luego. No lo sé. El servicio domiciliario
Le dio más morfina, y esa noche la enfermera
Me despertó cerca de la 1 o 1:30. Me dijo que la hora
Estaba cerca; fui entonces a su habitación, que en otro
Tiempo había sido la mía. Me paré al lado de la cama.
Su pecho traqueaba al respirar. Estaba entrando en paro.
Después de un rato la enfermera le cerró los ojos.
Me quedé ahí, pero no tenía nada que hacer.
La muerte había sido mucho más fácil de lo que pensé.
La luz estaba prendida, luego ya no lo estuvo.
Había una historia que mi padre solía contar
Acerca de cómo, cuando su padre murió,
Él y mi tío Howard tuvieron que sentarse solos
Con el cuerpo toda la noche para protegerlo

Who would steal corpses to sell to medical schools.
He was ten years old, and everyone else was asleep.
If he was frightened, he didn't discuss it. There
Was a lot he didn't tell me, for whatever reason. He
Might have thought I wasn't interested, or maybe
He thought none of it was important. He wanted,
I think, to tell inspiring stories, stories where
He was a hero, but there weren't any stories like that.
He had traveled around the South selling women's
Shoes and after that opened a brokerage office.
He joined all the clubs that would take Jews and
Talked to himself in the bathroom, rehearsing
What he would say—or should have said—to
One of his clients or the regional manager. We
Never found it easy to speak. 田

De los ladrones de cuerpos, que los robaban
Para venderlos en las facultades de medicina.
Él tenía diez años y todos los demás dormían. Si tenía
Miedo no lo expresó. Había muchas cosas que
No me dijo nunca por cualquier razón. Tal vez pensó
Que yo no estaba interesado, o quizás que nada de eso
Era importante. Creo que él quería contar historias
Que inspiraran, historias en las que él fuera héroe,
Pero no había ninguna así. Había viajado por el sur
Vendiendo zapatos de mujer, después había abierto
Una oficina de corredores de bolsa. Se afilió a todos
Los clubes que recibían judíos, hablaba consigo mismo
En el baño, para ensayar lo que diría o debería
Haber dicho a uno de sus clientes o al gerente regional.
Conversar nunca nos fue fácil.

Cassadaga Florida Series by Cheryl Ferrazza

My Father's Hat

It's wrong somehow for our clothes to survive us.
I think of your tweed sports jacket draped over the chair
Neatly-pressed slacks hanging in the closet. And
Of course, the white shirts, discolored yellow
Under the arms and at the back of the collar, a history
Written by your body in the invisible ink of sweat.
Somewhere also, a belt was shaped by your waistline,
And empty shoes bulged, drawing a portrait
Of your feet. I remember I helped myself to the ties
That weren't stained from some hurried lunch
Or a bite of pie that slipped off the fork. I took
   the good ones,
Chinese silk, and wore them until they frayed and
Unraveled. But, the gray fedora I left on the closet shelf.
I could smell your hair in the hatband, sparse and
Combed back from your forehead. It was a good fit
For you, and the wind never caught it. In my room is
The photograph I took of you, listening to Chopin,
   your eyes
Puzzled by something you never mentioned. I look at it
   now and
Wonder who you were, why I never knew you.

El sombrero de mi padre

Es un tanto inquietante que nuestras ropas nos sobrevivan.
Pienso en tu chaqueta deportiva de tweed suspendida
   en la silla
En los pantalones pulcramente planchados que colgaban
   en el closet,
Y por supuesto, en la camisas blancas con decoloraciones
   amarillas
Bajo los brazos y en la parte de atrás del cuello,
Una historia escrita por el cuerpo con la tinta invisible
   del sudor.
También en algún lado, un cinturón modelado por la forma
   de tu cintura,
Y los zapatos vacíos y abultados dibujaban un retrato de
   tus pies.
Recuerdo que yo echaba mano de las corbatas
Que no estuvieran manchadas por un almuerzo apresurado
O por un bocado de pastel que se te resbalara del tenedor.
   Yo cogía
Las buenas, las de seda china, y las usaba hasta que se
   deshilachaban
Y se deshacían. Pero el fedora gris lo dejé en una repisa
   del closet.
Podía oler tu pelo en la cinta del sombrero, escaso y peinado
Hacia atrás de la frente. Te quedaba preciso y el viento
   nunca lo atrapó.
En mi cuarto está la foto que te tomé escuchando a Chopin.
Tus ojos perplejos por algo que nunca dijiste. Ahora la miro
Y me pregunto quién eras, porqué nunca te conocí. ▨

Through the Curtains

Through the curtains, the green of bushes and shadows.
Chlorophyll and luck are the same thing for plants,
Angled sunlight in the morning, then rain splattering
Aimlessly across the leaves. In the nursing home,
My mother lay on white sheets, beneath a blanket
The color of bricks or an old stain. She was curled up,
Her bones' imprint fossil-like on the mattress when
They turned back the bedding to change pads.
She'd been incontinent for a long time by then and
Couldn't feed herself or straighten arms or legs.
She didn't recognize anyone or know where she was.
The nurses kept the room warm because she shivered
In her sleep. There was a rash on her cheeks as if
A child had put on make-up for the first time.
Her hair had grown long and her nails. She reminded me
Of a featherless bird fallen to the pavement, injured,
Staring with startled eyes at some last image of
Dirt and sky. I found it too hard to look at her
Or kiss her forehead. Instead, I turned to the window
And the curtains that didn't move. 🐦

A través de las cortinas

A través de las cortinas, el verde de los arbustos
    y las sombras.
La clorofila y la suerte sirven lo mismo para las plantas,
La luz en sesgo del sol por la mañana, luego la lluvia
Salpica las hojas aleatoriamente. En el asilo de ancianos
Mi madre tendida sobre sábanas blancas, debajo
    de una cobija,
De color de ladrillo, o mancha vieja. Enroscada,
Sus huesos dejaban huellas en el colchón, como de fósil,
Cuando doblaban las sábanas para cambiar los paños
    desechables.
Para entonces había sufrido de incontinencia por
    mucho tiempo
Y no se podía alimentar, ni estirar los brazos, ni las piernas.
No reconocía a nadie ni sabía dónde estaba.
Las enfermeras mantenían la habitación caliente porque ella
Tiritaba durante el sueño. Tenía un brote en las mejillas
Como un niño que se hubiera maquillado por primera vez.
El pelo y las uñas le habían crecido mucho. Me recordaba
A un pájaro sin plumas caído al pavimento, herido
Que miraba con ojos asombrados la última imagen del polvo
Y del cielo. Me era imposible mirarla, o besarle la frente.
Tenía que voltearme hacia la ventana y las cortinas inmóviles. ▥

Abandoned house across from Jimmy Ryce memorial
Redlands Series. Miami, FL by Cheryl Ferrazza

Orchids

On the kitchen counter, I left you a gift of two small orchids.
Once, my father had a greenhouse full of orchids.

They clung to the walls or rooted in pots,
The damp air shifted by a fan, swirling above orchids.

Each afternoon, he'd survey them, tinker, cross-pollinate.
Breaking the pollen sacs is the mating of orchids.

Eventually, a winter too cold for the space heater,
And frost would set in before morning, killing orchids.

Each time, he'd buy new plants, describe the pink
Cattleyas he'd grow, a corsage of orchids

For my mother, or branch of white Phalaenopsis blooms
With yellow centers for their breakfast table,
    bright orchids.

Orquídeas

En el mesón de la cocina te dejé un regalo: dos orquídeas
    pequeñas.
Mi padre tuvo una vez un invernadero lleno de orquídeas.

Se adherían a las paredes o se pudrían en macetas.
El aire húmedo, agitado por el ventilador, giraba encima
    de las orquídeas.

Cada tarde las contemplaba, las manoseaba, cruzaba
    especies.
Las orquídeas se aparean cuando se rompen los sacos
    de polen.

Al final, la escarcha y un invierno demasiado frío para
    el calentador
Irrumpían al amanecer y mataban las orquídeas.

Con frecuencia compraba nuevas plantas, describía
    las catleyas rosadas
Que había cultivado, un ramillete de orquídeas

Para mi madre, o una rama de floraciones de
    orquídeas phalaenopsis
Con centros amarillos para la mesa de la cocina,
    orquídeas brillantes.

By the time my mother didn't get out of bed anymore,
No one tended the greenhouse. The orchids

Had already turned to brown paper and dirt. Only
An overgrown mock orange tree survived, unlike orchids

Requiring no care, heavy with neglect.
On the walls, mosquitoes and fruit flies instead of orchids.

And when I explained he had died, then explained again,
She ignored me, certain he would come back soon with
   orchids. 🕱

Por la época en que mi madre ya no se levantaba de la cama,
Nadie se ocupaba del invernadero. Las orquídeas

Se habían convertido en papel marrón y tierra. Solamente
Un naranjo de Luisiana desaliñado, que a diferencia
    de las orquídeas

No necesitaba cuidado, sobrevivió apesadumbrado
    por el abandono.
En las paredes había mosquitos y moscas de fruta,
    en vez de orquídeas.

Y cuando le expliqué que él había muerto, y luego
    se lo volví a explicar,
Ella no me hizo caso, convencida de que él volvería pronto
    con orquídeas. 🈁

Householders[2]

The habits of a life are intolerable. Every day,
The key turns in the ignition, and the car's wheels roll
Toward work and lunch and work and home. This,
They say, is responsibility, taking care of kids, paying
The accumulated obligations, the multi-syllabic forms
Of pain. You want to throw it all away, become a monk
In the forest, live on berries, and ignore mosquitoes,
Acquire the power to see things happening far away,
To enter the bodies of others, converse with spirits.
But, all the time there is her photograph in front
Of you. You tell yourself there is meaning in earning
A living, in paying for school and food. The monk
Converses with spirits, but you speak with flesh
And bone each night at dinner, quietly touch a
Woman's hand, exchange messages by means of
A raised eyebrow or lips opening to a quick smile.
The monk performs miracles and will not be reborn.
You will return continuously for thousands of births,
Each time reenacting this dance of hands and eyes,
Of holding and letting go. Perhaps you took a vow

---

2 In yoga texts, "Householder" is the English word used to mean a yoga
practitioner or religious devout who has not yet renounced worldly
life to focus exclusively on seeking enlightenment.

Habitantes del mundo[2]

Las rutinas de la vida son insoportables. Cada día
La llave enciende el carro, las ruedas del carro circulan
Al trabajo, a almorzar, al trabajo, a la casa.
Esto, dicen, es responsabilidad: Cuidar a los hijos, pagar
Las obligaciones acumuladas, formas multi-silábicas
    del dolor.
Quieres deshacerte de todo, convertirte en monje en la selva,
Vivir de frutos silvestres, hacer caso omiso de los mosquitos,
Adquirir el poder de ver cosas que ocurren a lo lejos,
Entrar en los cuerpos de otros, conversar con los espíritus.
Pero todo el tiempo tienes la fotografía de ella en frente de ti.
Te dices a ti mismo que ganarse la vida, pagar los estudios y
La comida tiene sentido. El monje conversa con espíritus,
Pero tú hablas con la carne y los huesos cada noche
A la hora de la cena, tocas con suavidad la mano de
    una mujer,
Intercambias mensajes al alzar las cejas, o al abrir los labios
En una ligera sonrisa. El monje hace milagros y no renacerá.
Tú volverás una y otra vez en miles de nacimientos,
Cada vez recreando esta danza de manos y de ojos,
De retener y liberar. Tal vez hiciste un voto,

---

2 En textos de yoga, "householder" es la palabra inglesa que se usa para desig-
nar a un practicante de yoga que no ha renunciado aún a la vida de este mun-
do para dedicarse exclusivamente a buscar la iluminación, por ello la elección
de Habitantes del mundo como título en español para este poema.

A hundred lifetimes ago to return like this, to caress
Her hair until your hand no longer moves, to spend
Days yearning for the forest, but nights pressing
Your thighs against hers. Perhaps she did the same. 🀄

Cientos de vidas atrás, para regresar así, para acariciar
Su pelo hasta que tu mano se quede inmóvil,
Para pasar días añorando el bosque, y noches apretando
Tus muslos contra los de ella. Tal vez ella hizo lo mismo. 🔳

Moving

I'd lived there long enough to be sad
At leaving. The mangoes I planted
Were bearing heavy fruit. The devil
Tree towered over the house, its thorns
The size of my fist, its pink blossoms
Carpeting the bricks. Hibiscus blooms,
Deep red, startled the eye. I'd gotten
Used to my footsteps on hallway tile.
I knew the cabinets and the drawers.
Even my disorderly bookshelves
Were at home there. (Writers were not
Placed next to the colleagues they despised.)
The new place would be smaller, with less
Room for echoes, missing furniture
And other voices besides my own.
I'd still have a desk, stacks of papers,
Photographs. After a while the rooms
Would even smell the same: incense, old
Books, cleaning fluid, onions frying
In the kitchen, the dog when he comes
In from the rain, laundry freshly washed.
It would be the same but not the same.
Months earlier, I planted a tree,

Mudanza

Había vivido ahí lo suficiente
Para estar triste de marcharme.
Los árboles de mangos que sembré
Estaban cargados de fruta.
El árbol del diablo se elevaba sobre la casa
Sus espinas tenían el tamaño de mi puño,
Sus flores rosadas tapizaban los ladrillos.
Las floraciones de hibisco, rojo intenso
Impactaban los ojos. Estaba acostumbrado
A mis pasos en las baldosas del pasillo.
Conocía las vitrinas, los cajones.
Incluso mis estantes de libros desorganizados
Estaban ahí, en casa. Los escritores no
Estaban puestos cerca a los que despreciaban.
El nuevo lugar sería más pequeño
Con menos espacio para ecos, muebles ausentes
Y otras voces además de la mía.
Tendría aún un escritorio,
Pilas de papel, fotos. Después de un tiempo
Los cuartos olerían a lo mismo: a incienso,
A libros viejos, a limpiador líquido, a cebollas friéndose
En la cocina, al perro cuando entrara
De la lluvia, a ropa recién lavada.
Sería lo mismo pero diferente.

An ylang-ylang, by the walkway.
I knew then I was leaving, so I
Don't know why I bothered. Still, it did
Please me to imagine the scented
Yellow blossoms hanging in front of
That ranch-style house on that random street. 卐

Meses atrás, sembré un árbol

Un Ylang-Ylang, cerca al sendero.

Sabía que me iba, entonces yo no sé

Porqué me importó. Sin embargo, me agradaba

Imaginar las aromáticas flores amarillas

Que colgarían frente a la casa estilo finca,

En una calle cualquiera. 🝰

Downtown Miami Streets Series. Miami, FL by Cheryl Ferrazza

"They Look Good..."

"They look good when
They're still in the tree," she
Said. In a blue housedress,
My neighbor sweeping
Pink flowers up from
The asphalt driveway—
She was straight out of
William Carlos Williams,
Middle-aged and looking
Unloved, as she swept
The pink blossoms
Into a big, untidy pile
And threw them away. 历

Se ven bien

"Se ven bien cuando
Aún están en el árbol."
Dice ella, mi vecina,
En su vestido azul
De casa, mientras barre
Las flores rosadas del
Camino de la entrada
De asfalto. Salida de
Una página de William
Carlos Williams,
De edad madura,
Parece desdeñada,
Mientras barre
Los capullos rosados
Forma una pila
Enorme y desordenada,
Y los arroja lejos. ⌗

Entangled

Entangled, I saw
Your white leg in the dark and
Thought it was my own. 卐

Entrelazados

Entrelazados, vi

Tu pierna blanca en la oscuridad

Y pensé que era la mía. 🈁

Abandon

Whoever I thought I was I'm not,
And what we did with our lips is not
Called kissing. There is some other word
For that—our mouths pressed together,
Struggling for breath, a tourniquet tied
Around our lungs, desperate for each
Other's skin, the taste of salt and faint
Smell of sweat, the texture of your hair
In my shaking hands, your pupils, mine,
Staring, words coming out of our mouths
That are not words, sounds that could be pain
Or some other thing, a language too
Intimate to be spoken by our
Tongues—if shadows could speak, their voices
Might cry out like this, bodies pressed hard
Against each other without boundaries.
If I was a person, now I'm not. 🈁

Abandono

No soy quienquiera creí ser
Y lo que hicimos con los labios
No es besar. Hay cualquier otro nombre
Para eso –nuestras bocas unidas se oprimían,
Luchaban por inhalar aire, un torniquete atado
Alrededor de los pulmones, ávidos
De la piel del otro, el olor a sal y el olor
Levísimo a sudor, la textura de tu pelo
En mis manos trémulas, tus pupilas, las mías,
Se miraban, salían palabras de nuestra boca
Que no eran palabras, tal vez sonidos de dolor
O cualquier otra cosa, un idioma demasiado íntimo,
Para ser articulado en nuestra lengua.
Si las sombras pudieran hablar, sus voces
Gritarían así. Cuerpos apretados con fuerza
El uno contra el otro, sin límites.
Si fui una persona, ya no lo soy. ⌗

Aerojet Dade Rocket Facility - Everglades Series. Miami, FL by Cheryl Ferrazza

Apartment

The sound of the plumbing in the wall next
To your bedroom reminds me we are not alone.
Above us, a figure walks on an uncarpeted floor,
Pacing out a map of the future, his fears—I think
It is a man because the footsteps are heavy. I saw
The woman next door in the hallway, tall, coming
Back from the gym, exhausted, glistening, but
The neighbor below, who is silent, gives us
No clues, just a little cigarette smoke though
The vent in the bathroom. I dry my hands on your
Perfectly folded towels and think about how we create
Distance in the world to protect ourselves, to protect
The world we make for ourselves, our sudden embrace
As the door closes, quiet words as sleep takes us. 卐

Apartamento

El sonido de las cañerías en la pared contigua
A tu habitación me recuerda que no estamos solos.
Encima de nosotros una figura anda sobre un piso
Sin alfombra, traza un mapa del futuro, de sus temores.
Pienso que es un hombre, sus pasos son pesados.
Vi a la mujer de al lado en el pasillo, alta,
Que volvía del gimnasio, exhausta, brillando.
Pero el vecino de abajo, silencioso, no nos da
Seña alguna, sólo un poco de humo de cigarrillo
A través de la rejilla de ventilación del baño.
Me seco las manos en tus toallas perfectamente
Dobladas y pienso en cómo nos aislamos para protegernos,
Para proteger el mundo que nos hacemos para nosotros,
Nuestro súbito abrazo, cuando la puerta se cierra,
Palabras en voz baja, mientras el sueño nos vence. 田

Taking It Easy

In the kitchen, you're preparing a tortilla.
I tease you, saying we *gringos* always
Add more eggs. On the stereo,
Cesária Évora is singing a Portuguese
Song about loss—her voice filled with cognac
And sweat, wind at sunset blowing west
From Africa, sea birds swooping low
Over darkening waves. Today was the
Day of my operation. They removed a cataract
From my right eye, and I'm supposed to be
Taking it easy. The kitchen smells of potatoes
And onions, but I've been forbidden to cook
For 24 hours, something about heat and steam,
My fragile eye. I shouldn't bend over either,
Or lift anything heavy. So, I lie back now
With nothing to do, listening to these songs
From Cape Verde, smelling dinner on its way
To the table, and thinking about our lives, so
Lovely and unlikely. 丏

De descanso

En la cocina preparas una tortilla.
En broma te digo que nosotros,
Los gringos, añadimos siempre
Más huevos. En el estéreo Cesária
Évora canta una canción portuguesa
Sobre la pérdida, su voz saturada
De coñac y sudor, viento del atardecer
Que sopla desde el oriente hacia África,
Aves marinas que descienden sobre olas
Que se oscurecen. Hoy fue el día de
Mi operación. Me extrajeron una catarata
Del ojo derecho y debo descansar. La cocina
Huele a papas y cebollas, pero me han prohibido
Cocinar por 24 horas, cualquier tipo de vapor o
Calor en mi ojo frágil. No debo agacharme
O alzar algo pesado, así que estoy recostado
Sin nada que hacer, escuchando estas canciones
De Cabo Verde, olfateando la comida
Camino a la mesa, y pensando en nuestra vida
Tan encantadora e improbable. 🀰

Even for Bodies Asleep

Even for bodies asleep, there is usually a clock
On the night table—or in bed, their arms the hands
   of a clock.

At midnight, one hand disappears underneath another
And touches, intimately, the face of the clock.

Each hour the hands move toward their embrace,
Short lived for us, but who knows for a clock?

It has moods, certainly, but holds them inside, not like
The bells, chimes, and dumb show of a medieval clock?

I wake while it's still dark and put my ear against
   your back,
And I know your heartbeat, steadier than mine,
   is also a clock.

You stir in sleep, somewhere between here and where
I can't reach you. Neither past nor future are shown
   on a clock. ▥

Incluso para los cuerpos dormidos

Incluso para los cuerpos dormidos, hay generalmente
    un reloj
En la mesa de noche, o en la cama, sus brazos son
    las manecillas del reloj.

A media noche, una manecilla se oculta detrás de la otra,
Y toca íntimamente la esfera del reloj.

Cada hora las manecillas se mueven para unirse en
    un abrazo,
Efímero para nosotros, pero vaya uno a saber para el reloj.

Tiene sus estados de ánimo, por cierto, pero se los guarda,
No como las campanas, repiques, y teatros de mimo de los
relojes medievales.

Me despierto, todavía está oscuro, y pongo el oído
    en tu espalda
Y sé que tus latidos, más constantes que los míos,
    son también un reloj.

Te agitas dormida, en un lugar entre el aquí y otro cualquiera,
Donde no te puedo alcanzar. Ni el pasado ni el futuro
    se muestran en un reloj.

On the Importance of Diction

The whole way we talk about love is wrong,
That language of soft feathers and smooth
Fabric, of faux silk and caged birds, of unreal
Lips meeting, never chapped or missing

Their target. No more of that, please.
We need words that twist our shoulders, words
Like "shake," "spasm," "wrench," that turn
Our bodies into misfiring engines or dangerous

Chemicals. *Do not store this emotion*
In an unsealed container. Kiss
Only with proper ventilation, with gasps
Of breath and corrosive touch. I want

To read your breasts with my mouth,
A blind man deciphering braille.

Sobre la importancia de la dicción

La manera en que hablamos del amor
Es errada, ese idioma de plumas suaves
Y de telas livianas, de seda artificial,
De pájaros cautivos, de roces irreales
Entre labios, que nunca se agrietan o nunca

Se encuentran. No más de eso por favor.
Necesitamos palabras que nos dobleguen
Los hombros, palabras como "sacudón",
"Espasmo", "torcedura", que conviertan
Nuestros cuerpos en motores que fallan

O en peligrosas sustancias químicas.
No almacene esta emoción en un
Recipiente sin sellar. No bese sin
Ventilación apropiada, con bocanadas
De aliento o caricias corrosivas.

Quiero leer tus senos con la boca,
Como un ciego que descifra el braille. 盃

Procession

The riderless horse stamps its hooves against
    the pavement. Smells of
Coffee and rolls drift on a cold breeze from another part
    of town.

Reflected in the crazed, black surfaces of puddles,
    ice hangs
From the gables of churches: mourning jewelry
    of the earth and sky.

Wrap the heart in blankets and bring it inside.
    Clothe memory
In its best dress, no matter the color. Give it steaming
    liquids by the fire.

In my right foot, I could not feel the cold, or warmth either.
Headache and sudden nausea, blurred vision
    from the brain—

Sometimes a chill moves up and down my leg,
    reminds me of
Your fingers when we were last together, your breath
    along my spine.

Procesión

El caballo sin jinete patea con las pezuñas el pavimento.
    Un olor a café
Y a panecitos flota en la brisa fría, desde otra parte
    de la ciudad.

Reflejado en la superficie negra y agrietada de los charcos,
    el hielo cuelga
De los tejados de las iglesias: joyas de luto de la tierra
    y el cielo.

Envuelve el corazón en mantas y resguárdalo en casa ,
    viste la memoria
Con su mejor vestido, de cualquier color, dale líquidos
    humeantes cerca del fuego.

En el pie derecho, no podía sentir ni frío ni calor. Jaqueca
Y nausea súbita, visión borrosa desde el cerebro.

A veces un escalofrío me sube y me baja por la pierna,
    me recuerda tus dedos
La última vez que estuvimos juntos; a lo largo de
    mi espina dorsal, tu aliento. 🜃

Stealing Time

I dropped you off at your apartment this morning

And sat in the car for a while before driving away.

I remembered living in Washington, practicing law

At a Georgetown firm, red brick sidewalks, and winter

Falling from the sky like a newly-arrived diplomat,

Black SUV's ubiquitous on Pennsylvania Avenue,

Icy water splashing onto the curb. I worked the usual

Billable hours, walking home at night over Rock Creek

And past the Salvation Army. Poems were rare back then.

I reviewed documents and drafted motions, trying

To fit the world into causes of action and remedies,

Defenses, what was privileged and what wasn't. I

Caught pneumonia and almost fainted coming home at

2 a.m. after finishing a motion to dismiss and putting

It on a partner's chair. It's different now. After

Another marriage ended and the house was sold, I

Began to listen to the empty seconds between

The clock's shudders, to rest my eyes beneath tree limbs

Just before the sun disappears. There is nothing

Tiempo robado

Esta mañana te dejé en tu apartamento
Y me quedé en el carro un rato, antes de irme.
Recordé cuando vivía en Washington,
Ejercía el derecho en una firma de Georgetown,
Las aceras de ladrillo rojo, el invierno que caía
Del cielo como un diplomático recién llegado,
Las camionetas deportivas negras, por toda
La Avenida Pensilvania, el agua fría que salpicaba
Las cunetas. Trabajaba las horas que podía cobrar,
Caminaba a mi casa de noche por Rock Creek
Y más allá del Salvation Army. Los poemas
Escaseaban en aquella época. Revisaba
Documentos, redactaba borradores de mociones,
Tratando de encajar en el mundo de derechos
A reclamaciones, de compensaciones, de defensas,
De lo confidencial y lo que no lo era. Me dio neumonía
Y casi me desmayo al llegar a casa a las dos de la mañana,
Después de terminar una solicitud de desistimiento
Y ponerla en la silla de mi socio. Ahora es diferente.
Después de que otro matrimonio ha terminado
y se vendió la casa, empecé a escuchar
Los segundos vacíos, entre las sacudidas del reloj,
A descansar los ojos bajo las ramas de un árbol,
Antes de que el sol se oculte. No hay nada eterno

Eternal about us. That's the bad news and the good.

When I go for walks at night with my son and the dog,

Our stories are not much different from the ones

    we used to

Tell walking in Italy when he was a child, blond,

Bundled in a blue parka. (I'd wear a soft fedora

    and a scarf.)

We do talk more now about politics, how countries

Embrace their own ruin, elect governments of knaves

And golfers, how we still do the best we can, make

Our lives worthwhile or at least lives we're not

Ashamed of living. Each of our steps on the pavement

Is a measure of time, between one heel landing and

Another: duration, footstep, duration. The poems

We make, extract, are from these moments. I watched

You go into your building today, turn toward the

Elevator. Between your footsteps were the breaths we

Took together last night, the sheets jumbled

At the end of the bed, B.B. King pulling notes for

"The Thrill Is Gone," one by one out of his guitar,

Refusing to let them go. Even after coffee and breakfast

This morning, you were still with me, even after you

Closed the car door and crossed the street. 丙

En nosotros, eso es lo bueno y lo malo. Cuando
Voy a caminar de noche con mi hijo y el perro,
Nuestras historias no son muy diferentes de aquellas
Que nos contábamos cuando íbamos a caminar en Italia,
Cuando él era un niño, rubio, abrigado en una parka azul.
Yo llevaba un fedora suave y una bufanda. Por cierto,
Ahora hablamos más acerca de política, acerca
De cómo los países escogen su propia decadencia,
Eligen gobiernos de trúhanes y golfistas, hablamos
De cómo hacemos lo mejor para que nuestra
Vida valga la pena, o al menos que no tengamos
Que avergonzarnos de vivirla. Cada uno de nuestros pasos
En el pavimento es una medida del tiempo,
Mientras un talón se posa en la tierra y luego el otro:
Tiempo de duración, un paso, tiempo de duración.
Los poemas que hacemos, o extraemos, surgen
De esos momentos. Hoy te vi entrar en tu edificio,
Girar hacia el ascensor. Entre tus pasos quedaba la respiración
Que compartimos anoche, las sábanas revueltas en la parte
De abajo de la cama, B. B. King extraía, una por una,
Las notas de su guitarra en "The Thrill Is Gone",
Se negaba a dejarlas escapar. Aún después del café
Y el desayuno de esta mañana, estabas todavía conmigo,
Aun después de que cerraste la puerta del carro
Y cruzaste la calle. 🈂

One man's junk, Arizona Series by Cheryl Ferrazza

Abandoned house across from Jimmy Ryce memorial
Redlands Series. Miami, FL by Cheryl Ferrazza

Acknowledgments / Agradecimientos

Many thanks to the editors and staff of the following journals in which these poems have appeared:

Muchas gracias a los editores y al equipo de las siguientes revistas en las cuales estos poemas fueron publicados:

Armarolla: "Geese."

Cagibi: "To the Crow, Cawing Is Beautiful."

Carátula: "De descanso," Día de huracán," "Naranjas," "Se ven bien," and "Sobre la importancia de la dicción."

La Raiz Invertida: "Even for Bodies Asleep," "On the Importance of Diction," and "The Fly."

Nagari: "Abandon," "Apartment," "Morning in Portland," "North Side," "The Mole, and "Through the Curtains."

Revista Alastor: "Left of the Ninth Hole," "Orchids," and "Spider Fights."

Revista Conexos: "Householders," "Moving," "My Father's Hat," and "On a Cold Day."

Salamander: "On a Cold Day"

Sheila-Na-Gig online: "Moving" and "Rain."

The Ghazal Page: "Even for Bodies Asleep" and "Procession."

The Wild Word: "North Side."

Vending Machine Press: "Abandon," "Apartment," "Morning in Portland," "On the Importance of Diction, and "The Fly."

George Franklin practices law in Miami and teaches poetry and other writing workshops in Florida state prisons. His poems have appeared various journals, including The Threepenny Review, Cagibi, B O D Y, Salamander, and The Wild Word, and have been translated into Spanish by Ximena Gomez and published in Nagari, Alastor, Raiz Invertida, Carátula, and Conexos. His book Traveling for No Good Reason won the 2018 Sheila-Na-Gig contest and is forthcoming from Sheila-Na-Gig Editions. *Among the Ruins/Entre las ruinas* is the first published collection of his poems. 🔏

George Franklin ejerce el derecho en Miami, e imparte talleres de poesía y escritura en las cárceles del Estado de La Florida. Sus poemas han aparecido en varias revistas, entre ellas *The Threepenny Review*, *Cagibi*, *B O D Y*, *Salamander* y *The Wild Word*. Ha sido traducido por Ximena Gómez y publicado en Nagari, Alastor, Raíz invertida, Conexos y Carátula. Su libro "Traveling for No Good Reason" gano el concurso 2018 de Sheila-Na-Gig y está próximo a aparecer en la editorial Sheila-Na-Gig Editions. *Among the Ruins/Entre las ruinas* es su primera colección de poemas publicados. 🔏

Ximena Gomez is a Colombian poet, psychologist, and translator, who now lives in Miami. Her poems have appeared in Nagari, Conexos, Círculo de Poesía, Carátula, Raíz Invertida, Ligeia, and Espacio poético 4, and bilingually in the North American journals Sheila-Na-Gig and Cagibi, where she received a nomination for a 2018 Best of the Net award. A collection of her poems, *Habitación con moscas*, was published by Editorial Torremozas (Madrid 2016). Her fiction has appeared in the *New Anthology of Hispano-American Poetry and Narrative*, Lord Byron Ediciones (Madrid 2017), and her poetry has been included in the anthology *Crear en femenino*, Editorial Silueta (Madrid 2017). Her translations of North American poetry have been published in Alastor, Conexos, Carátula, and Nagari. 📖

Ximena Gomez es colombiana, poeta, psicóloga y traductora y vive en Miami. Poemas suyos han aparecido en Nagari, Conexos, Círculo de Poesía, Carátula y Raíz Invertida, Ligeia y Espacio poético 4. Poemas suyos han sido publicados en versión bilingüe en las revistas Sheila Na-Gig y Cagibi, donde fue nominada para el premio: lo mejor de la red en el 2018. La editorial Torremozas de Madrid, España, publicó su poemario *"Habitación con moscas"* (2016). Uno de sus cuentos ha aparecido en la *Nueva Antología de Poesía y Narrativa Hispanoamericana*, publicada en Madrid por la editorial Lord Byron Ediciones (2017). Ha sido incluida en una antología *"Crear en femenino"* publicada por la Editorial Silueta (2017). Sus traducciones de poesía norteamericana al español se han publicado en las revistas Alastor, Conexos y Nagari. 📖

Sin título, Arizona Series by Cheryl Ferrazza

Made in the USA
Middletown, DE
28 November 2018